U0925120

致谢

感谢师元光研究员为本书审稿。

"共和国脊梁"科学家绘本丛书　校园普及版

设计中国人自己的飞机

顾诵芬的故事

任福君　主编

王妍　杨延霞　著　刘玉卿　绘

北京出版集团

北京出版社

前言

回首近代的中国，积贫积弱，战火不断，民生凋敝。今天的中国，繁荣昌盛，国泰民安，欣欣向荣。当我们在享受如今的太平盛世时，不应忘记那些曾为祖国奉献了毕生心血的中国科学家。他们对民族复兴的使命担当、对科技创新的执着追求，标刻了民族精神的时代高度，书写了科学精神的永恒意义。他们爱国报国、敬业奉献、无私无畏、追求真理、不怕失败，为祖国科学事业的繁荣昌盛，默默地、无私地奉献着，是当之无愧的共和国脊梁，应被我们铭记。

孩子是祖国的未来，更是新时代的接班人。今天，我们更应为孩子们多树立优秀榜样，中国科学家就是其中之一。向孩子们讲述中国科学家的故事，弘扬其百折不挠、勇于创新的精神，是我们打造"'共和国脊梁'科学家绘本丛书"的初衷，也是对中国科学家的致敬。

丛书依托于"老科学家学术成长资料采集工程"（以下简称"采集工程"）。这项规模宏大的工程启动于2010年，由中国科协联合中组部、教育部、科技部、工信部、财政部、原文化部、中国科学院、中国工程院等11个单位实施，目前已采集了500多位中国科学家的学术成长资料，积累了一大批实物和研究成果，被誉为"共和国科技史的活档案"。"采集工程"在社会上产生了广泛影响，但成果受众多为中学生及成人。

为了丰富"采集工程"成果的展现形式，并为年龄更小的孩子们提供优质的精神食粮，"采集工程"学术团队与北京出版集团共同策划了本套丛书。丛书由多位中国科学院院士、科学家家属、科学史研究者、绘本研究者等组成顾问委员会、编委会和审稿专家团队，共同为图书质量把关。丛书主要由"采集工程"学术团队的学者担任文字作者，并由新锐青年插画师绘图。2017年9月启动"'共和国脊梁'科学家绘本丛书"创作工程，精心打磨，倾注了多方人员的大量心血。

丛书通过绘本这种生动有趣的形式，向孩子们展示中国科学家的风采。根据"采集工程"积累的大量资料，如照片、手稿、音视频、研究报告等，我们在尊重科学史实的基础上，用简单易懂的文字、精美的绘画，讲述中国科学家的探索故事。每一本都有其特色，极具原创性。

丛书出版后，获得科学家家属、科学史研究者、绘本研究者等专业人士的高度认可，得到社会各界的高度好评，并获得多个奖项。

丛书选取了不同领域的多位中国科学家。他们是中国科学家的典型代表，对中国现代科学发展贡献巨大，他们的故事应当广泛流传。

“‘共和国脊梁’科学家绘本丛书”的出版对“采集工程”而言，是一次大胆而有益的尝试。如何用更好的方式讲述中国科学家故事、弘扬科学家精神，是我们一直在思考的问题。希望孩子们能从书中汲取些许养分，也希望家长、老师们能多向孩子们讲述科学家故事，传递科学家精神。

“‘共和国脊梁’科学家绘本丛书”编委会

致读者朋友

亲爱的读者朋友，很高兴你能翻开这套讲述中国科学家故事的绘本丛书。这些科学家为中国科学事业的繁荣昌盛做出了巨大贡献，是我们所有人的榜样，更是我们人生的指路明灯。

讲述科学家的故事并不容易，尤其是涉及专业词汇，这会使故事读起来有一些难度。在阅读过程中，我们有以下3点建议希望能为你提供帮助：

1.为了让阅读过程更顺畅，我们对一些比较难懂的词汇进行了说明，可以按照注释序号翻至“词汇园地”查看。如果有些词汇仍然不好理解，小朋友可以向大朋友请教。

2.在正文后附有科学家小传和年谱，以帮助你更好地认识每一位科学家，了解其个人经历与科学贡献，还可以把它们当作线索，进一步查找更多相关资料。

3.每本书的封底附有两个二维码。一个二维码是绘本的音频故事，扫码即可收听有声故事；另一个二维码是中国科学家博物馆的链接。中国科学家博物馆是专门以科学家为主题的博物馆，收藏着大量中国科学家的相关资料，希望这些丰富的资料能拓宽你的视野，让你感受到中国科学家的风采。

1930 年，顾诵芬出生于江苏苏州的一个书香世家，父亲顾廷龙是著名的国学大师。在祖国饱受凌辱的年代，他没有继承父亲的事业，而是从小就确立了自己的人生理想——设计中国人自己的飞机！

1937 年，在北平[1]，7 岁的顾诵芬目睹了日本飞机的狂轰滥炸。爆炸声音很大，家里的玻璃窗被震得粉碎。

第一次经历轰炸的人都会感到惊慌失措。幸好有在国外受过防空训练的邻居提醒，全家才知道如何应对。

震耳欲聋的爆炸声，在顾诵芬幼小的心灵里埋下了一颗种子：“我要设计飞机，保卫祖国领空！”

10岁那年，一位堂叔送给顾诵芬一架飞机模型作为生日礼物。可惜，这架小飞机模型太不结实，玩了几次就坏了。

父亲看到顾诵芬这么喜欢飞机，就带他去一家航模商店买了一架舱身型飞机模型[②]。

余天成堂
榮記玩具
天成堂
藥
藥
藥

这架飞机模型的机翼展开有一米长，撞到了天花板还可以继续飞行。

顾诵芬十分喜欢父亲送的飞机模型。

晴天，他在院子里放飞。雨天，他在屋子里放飞。

有一天，这个模型也被撞坏了。

心爱的飞机模型坏了，顾诵芬就自己动手修。没有木质材料，他就用火柴杆代替。没有胶水，他就把胶片用丙酮③溶化了来粘贴。蒙皮④坏了，他就从父亲的书房里拿一些又薄又结实的绵纸来修补。

父亲送给顾诵芬一套从旧书店买来的《小学生文库》[5]，其中有一本是专门讲模型的。

靠着从这本书和其他科学书刊中学来的知识，顾诵芬自己制作了飞机、舰艇等各种各样的模型。

除了亲自动手制作模型，顾诵芬还喜欢琢磨各种模型运行的原理。

看飞机模型在天上飞，他就琢磨如何让飞机飞得更平稳；看潜艇模型在水里潜行，他就琢磨如何让潜艇潜行得更灵活。

高中毕业后，顾诵芬考取了国立浙江大学、交通大学⑥和国立清华大学等3所大学的航空系。为了达成母亲不想让他远行的心愿，他最终选择了交通大学航空工程系。

顾诵芬认为学习设计飞机必须掌握空气动力学，因此坚定地选了空气动力学专业。

你母親知道你不留
在上海工作的事情，
晚上基本睡不着覺，
總在想你有沒有回
來工作的可能性。

1950 年抗美援朝战争爆发，国家需要更多的飞机保卫祖国。

一年后，顾诵芬大学毕业，服从国家分配，离开上海到北京，积极投身到祖国航空工业的建设中。

20世纪50年代，苏联派出大批专家援建我国航空工业。但是，他们只负责教中国人制造飞机，并不指导中国人设计飞机。

刚走上工作岗位的顾诵芬没有机会设计飞机。“我们必须有中国人自己的飞机设计机构”成为他心中不变的信念。

1956年，中国第一个飞机设计室在沈阳组建。飞机设计室主任设计师徐舜寿从工作实践出发，决定先设计一架喷气式教练机。顾诵芬担任空气动力组组长。

这是顾诵芬第一次独立承担飞机空气动力设计的重任。

顾诵芬在学校学的是螺旋桨飞机[7]，喷气式飞机[8]对他来说是一个全新的领域，一切都要从头学起。

顾诵芬专门坐火车从沈阳到北京，前往北京航空学院[9]查阅国外资料作为参考。

为了不影响学生们的正常学习，他利用晚上的时间来阅读和抄录资料。用了一个星期的时间，终于把喷气式飞机进气道[10]设计的原理弄清楚了。

飞机风洞实验[11]需要一排很细的管子做梳状测压探头[12]。当时国内没有这样的设备，只能自己动手制作。

顾诵芬和同事决定将医院的废材料改造成符合要求的测压耙。

解决了一系列问题后，喷气式教练机的设计工作顺利完成，并于1958年7月成功首飞。

这架中国人自己设计的喷气式教练机被命名为歼教-1[13]。

歼教-1的成功研制，是中国航空工业由飞机修理、仿制进入自行设计的开端，标志着我国航空工业进入了新阶段。

20世纪60年代，为了应对周边的复杂局势，我国决定研发一种速度快、飞得高的超声速飞机。这种超声速飞机被命名为歼-8⑭。

顾诵芬作为设计研究所副总设计师，负责该机的空气动力设计。

当时，超声速飞机在国际上也才出现了不到 20 年，相关技术数据无论在哪个国家都是绝密。

我国更是完全没有设计制造超声速飞机的技术储备。

面对困难，顾诵芬只能边学习边论证，边试验边改进。

顾诵芬和研制团队通过不断深入探索，克服了新型飞机在设计和制造中的一个又一个困难。1969 年 7 月 5 日，歼 -8 飞机实现首飞。

首飞的成功，只是飞机飞行试验的开始。试飞中又不断有新的问题展现在顾诵芬面前。

歼－8 飞机在跨声速飞行[15]时出现了严重的抖动。就像一辆破公共汽车跑在不平坦的路上，开得再快人就受不了了。这种抖动，必须排除。

受制于当时的试验条件，已经全面负责歼-8飞机设计研制工作的顾诵芬大胆提出，把毛线条粘贴在后机身，通过观察实际飞行时毛线条的扰动情况来测试机身数据。

顾诵芬瞒着家人，坐上由试飞员鹿鸣东驾驶的歼教-6，手持望远镜飞到空中去近距离观察。当时，没有先进的摄影摄像器材，他靠着一台单反相机拍摄飞机后机身贴的毛线条的扰动变化状况。

在反复观察和不断尝试中，顾诵芬和他的团队终于找到了抖动的原因，并最终制服了这只歼-8设计制造道路上的“拦路虎”。

1979 年 12 月，我国第一款高空高速战斗机歼 -8 白天型设计定型。1981 年 5 月，歼 -8 Ⅱ型飞机开始研制，顾诵芬任型号总设计师。1988 年 3 月，歼 -8 Ⅱ定型。

在歼-8和歼-8 Ⅱ的基础上，共衍生出21型歼-8系列飞机。在第三代战机大量装备部队之前，歼-8系列飞机一直是我军的主力机种。顾诵芬主持设计的飞机保卫着祖国的蓝天，他儿时的梦想得以实现。

顾诵芬是新中国飞机设计事业的主要奠基人之一，是国内外享有极高声望的飞机设计大师。

他以战略科学家的眼光，时刻关注着我国的飞机制造行业，为推动我国新一代飞机的研制做了很多工作。国家关于大飞机等航空科研与工业发展的重大决策背后，都有他的建议。

顾诵芬与新中国的航空事业一同成长，航空救国、航空报国、航空强国成为他整个人生轨迹的关键词。

顾诵芬小传

他，是我国飞机空气动力学研究的开拓者；

他，是我国自行设计、制造高空高速战斗机歼-8、歼-8Ⅱ的总设计师；

他，就是中国科学院院士、中国工程院院士顾诵芬。

顾诵芬，1930年出生在江苏苏州的书香世家，他没有继承父辈的国学事业，却走上了飞机设计、航空报国之路。

1937年7月7日，日军发动七七事变。此时，随家人居住在北平的顾诵芬目睹了日军飞机对北平的狂轰滥炸。震耳欲聋的爆炸声在7岁的顾诵芬心里留下了深刻的记忆。从此，“我要设计飞机，保卫祖国领空”的志向在小顾诵芬心中生根发芽。

高中毕业后，顾诵芬考取了设有航空系的国立浙江大学、国立清华大学和交通大学3所高校。为了满足母亲不想儿子远走的心愿，顾诵芬选择了交通大学航空工程系。1951年8月，顾诵芬以优异的成绩从大学毕业。正值国家决定发展航空工业之时，顾诵芬被分配到了新组建的重工业部航空工业局。

1956年8月，中国第一个飞机设计室在沈阳建立。作为技术骨干，顾诵芬担任空气动力组组长。设计室的第一个任务是中国航空工业历史上第一架亚声速喷气式教练机——歼教-1的设计。顾诵芬几乎是从设计属于中国人自己的空气动力方法开始，最终圆满完成了各项相关参数的设计计算。经过全体科研人员的努力，1958年7月26日，歼教-1首飞成功。由此，中国航空事业向自主研发的方向迈出了坚实的一步。

20世纪60年代，为了应对周边复杂的局势，空军急需一种高空高速战斗机，顾诵芬所在的601所承担起歼-8型号飞机的研制任务。在歼-8的研制过程中，顾诵芬作为副总设计师，解决了飞机超声速方向安定性等空气动力设计中的一系列技术难题。1972年，顾诵芬全面负责歼-8飞机的设计研制。为解决歼-8飞机在超声速飞行时出现的抖动问题，在地面试验条件无法确定原因的情况下，顾诵芬瞒着家人，3次乘坐试飞员鹿鸣东驾驶的歼教-6飞机上天观察后机身流场[16]。这对毫无飞行经历的顾诵芬来说具有很大风险，在世界现代飞机研制历史上，这也是极为罕见的壮举。

1985年，歼-8获国家科学技术进步奖特等奖。2001年，歼-8Ⅱ获国家科学技术进步奖一等奖。由歼-8先后发展起来的歼-8系列飞机，是我国空军和海军航空兵20世纪装备的主力战机，它们有力地捍卫了祖国领空的安全。顾诵芬儿时的梦想终于成为现实。

为了国家能够成为航空强国，作为航空领域战略科学家的顾诵芬，始终站在我国航空科技发展的前沿，为国家发展航空工业提出多项战略咨询建议。2007年2月，国务院批准了大型飞机项目，决策中吸收了顾诵芬所提建议的核心内容。

从战机到客机，顾诵芬一直在为中国航空事业贡献着自己的力量。

顾诵芬年谱

1

1930 年

出生于江苏苏州。

2

1935 年—1939 年（5~9 岁）

全家在北京居住，就读于燕京大学附小。

3

1939 年—1941 年（9~11 岁）

全家生活于上海，就读于上海华龙小学。

4

1941 年—1943 年（11~13 岁）

就读于私立育才中学。

5

1944 年—1946 年（14~16 岁）

就读于育群中学。高中二年级，转学至南洋模范中学。

6

1947 年—1951 年（17~21 岁）

就读于交通大学航空工程系。

7

1951 年（21 岁）

大学毕业，被分配到新组建的重工业部航空工业局。

8

1956 年（26 岁）

赴沈阳参与建立中国第一个飞机设计室，任空气动力组组长。开始歼教-1喷气式教练机的空气动力设计。

9

1961 年（31 岁）

8月，国防部第六研究院飞机设计研究所（601所）成立。经总设计师黄志千与夫人江载芬介绍，与江泽菲认识。

10

1962 年（32 岁）

参加摸透米格-21的工作，负责气动布局的研究。同年与江泽菲结婚。

11

1964 年（34 岁）

被授予中国人民解放军少校军衔，同年任601所副总设计师。

12

1965 年（35 岁）

参与主持歼-8飞机的设计。

13

1969 年（39 岁）

参加歼-8飞机首飞的准备工作，负责研究飞机跨声速抖动的解决方案。

14

1972 年（42 岁）

担任歼-8飞机的研制负责人。

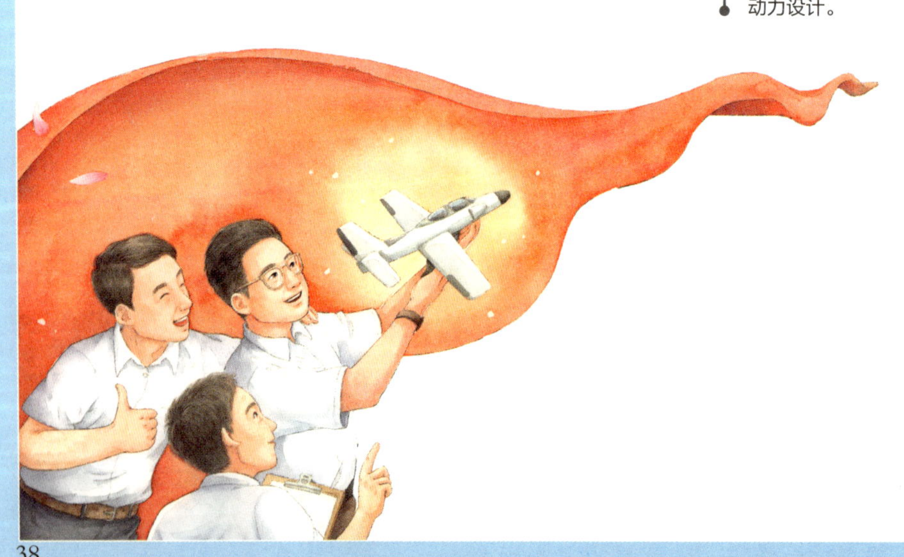

15
1977 年
（47 岁）
为解决歼-8的抖动难题，3次随试飞员鹿鸣东驾驶的歼教-6飞机升空，观察并拍摄歼-8的飞行流线谱。同年，任601所副所长兼总设计师。

16
1979 年
（49 岁）
年底完成歼-8飞机白天型的设计定型工作。

17
1981 年
（51 岁）
被国务院国防工办任命为歼-8Ⅱ型飞机型号总设计师。

18
1984 年
（54 岁）
荣立航空工业部一等功，同年任601所所长。

19
1985 年
（55 岁）
歼-8飞机获国家科学技术进步奖特等奖。

20
1986 年
（56 岁）
2月，歼-8飞机生产定型。10月，调任航空工业部科技委副主任。

21
1988 年
（58 岁）
任中国航空研究院副院长。负责飞机主动控制技术研究项目。

22
1991 年
（61 岁）
当选为中国科学院学部委员（院士）。

23
1994 年
（64 岁）
当选为中国工程院院士。

24
1995 年
（65 岁）
获何梁何利基金第二届科学与技术进步奖。

25
2001 年
（71 岁）
歼-8Ⅱ型飞机（歼-8B型）项目获国家科学技术进步奖一等奖。

26
2006 年
（76 岁）
任大飞机方案论证专家委员会主任委员。

27
2007 年至今
（77 岁~）
组织开展“轻重搭配先进战斗机”等课题的研究，探讨“建设国家航空应急救援体系”等航空发展问题。

词汇园地

① **北平**：北京的旧称之一。

② **舱身型飞机模型**：机身中间为中空形成舱体的飞机模型。

③**丙酮**：无色透明液体，有特殊的气味。溶于水和甲醇、乙醇等溶剂，可被用于涂料、黏合剂。易燃、易挥发，化学性质较活泼。

④ **蒙皮**：覆盖在飞机骨架外的受力构件，飞机蒙皮与骨架所构成的蒙皮结构具有较大的承载力及刚度，而自重却很轻，形成流线型的机翼外表面。

⑤**《小学生文库》**：20 世纪 30 年代商务印书馆出版的一套文库性质的小学生读物，作者汇集了近 200 位教育家、文学家及各领域专家，内容涵盖自然、社会、文化、生活等方方面面，共 45 类 500 册。

⑥ **交通大学**：现上海交通大学。

⑦ **螺旋桨飞机**：一种用空气螺旋桨将发动机的功率转化为推进力的飞机，飞机的重量和尺寸不大，飞行速度较慢、高度较低。从第一架飞机诞生到第二次世界大战结束，几乎所有的飞机都是螺旋桨飞机。

⑧ **喷气式飞机**：一种使用喷气发动机作为推进力来源的飞机。喷气发动机靠燃料燃烧时产生的气体向后高速喷射的反冲作用使飞机向前飞行。

⑨ **北京航空学院**：今北京航空航天大学。

⑩ **喷气式飞机进气道**：保证喷气发动机正常工作的重要部件之一，它直接影响飞机发动机的工作效率及是否正常工作、推进力大小等。因此它对飞机尤其是战斗机性能有很大的影响。

⑪ **风洞实验**：指在风洞中安置飞行器或其他物体模型，研究气体流动及其与模型的相互作用，以了解实际飞行器或其他物体的空气动力学特性的一种空气动力实验方法。

⑫ **梳状测压探头**：测量压力仪器的前端部件，外形为梳子状。

⑬**歼教-1**：20世纪50年代末期中国自行研制的喷气式教练机。

⑭**歼-8**：中国从20世纪60年代开始设计研制的双发高空高速截击战斗机，是中国空军和海军航空兵自20世纪80年代至21世纪初期的主力战斗机种之一。

⑮ **跨声速飞行**：指飞行器以马赫数 0.8 ~ 1.2 的速度飞行，也就是一个正好在声速上下的速度范围（0.8~1.2 马赫）。马赫为流场中某点的速度同该点的当地声速之比，1 马赫即 1 倍声速。

⑯ **机身流场**：在飞行的情况下，是由飞机的运动造成的速度、压强等气流运动的空间分布。

图书在版编目（CIP）数据

设计中国人自己的飞机 ：顾诵芬的故事 / 王妍，杨延霞著 ；刘玉卿绘. — 北京 ：北京出版社，2023.3（2025.4 重印）
（“共和国脊梁”科学家绘本丛书 ：校园普及版 / 任福君主编）
ISBN 978-7-200-16634-7

Ⅰ. ①设… Ⅱ. ①王… ②杨… ③刘… Ⅲ. ①顾诵芬—传记—少儿读物 Ⅳ. ①K826.16-49

中国版本图书馆CIP数据核字(2021)第207964号

选题策划 李清霞 袁 海
项目负责 刘 迁
责任编辑 王冠中
装帧设计 张 薇 耿 雯
责任印制 刘文豪
封面设计 黄明科
宣传营销 郑 龙 王 岩 安天训 孙一博
郭 慧 马婷婷 胡 俊

“共和国脊梁”科学家绘本丛书 校园普及版
设计中国人自己的飞机
顾诵芬的故事
SHEJI ZHONGGUOREN ZIJI DE FEIJI

任福君 主编
王 妍 杨延霞 著 刘玉卿 绘

出 版：北京出版集团
北 京 出 版 社
地 址：北京北三环中路6号
邮 编：100120
网 址：www.bph.com.cn
总 发 行：北京出版集团
经 销：新华书店
印 刷：北京博海升彩色印刷有限公司
版 印 次：2023年3月第1版 2025年4月第5次印刷
成品尺寸：215毫米×280毫米
印 张：2.75
字 数：30千字
书 号：ISBN 978-7-200-16634-7
定 价：25.00元

如有印装质量问题，由本社负责调换
质量监督电话：010-58572393
责任编辑电话：010-58572282
团 购 热 线：17701385675
18610320208

声明：为了较为真实地展现科学家生活的时代特征，部分页面有繁体字，特此说明。